笠原将弘

和食屋のおかず汁101

小学館

毎日、真剣だから
生まれるアイディアがある

店でも家庭でも、汁ものは大好きです。
店では、コース料理の椀ものとして、すり流しは口直しとして、
家庭では具をたっぷり加えて、なんでもありの味つけを楽しむこともあります。
そうはいっても、自分なりの〝黄金比率〟や、
日本人になじみのある和の味がベースになっているので、
和・洋・中・エスニック、どれを食べても懐かしい味がします。
僕が皆さんに紹介したいのは、今日からすぐに作れる〝みそ汁〟。
おなじみの具に、僕なりのヒラメキを加えてみました。ぜひ挑戦してみてください。
そして、店でも人気のすり流しは、いわば〝和風のポタージュ〟。
バターや生クリームを使う洋風とはひと味違って、
野菜や豆、海藻など、素材の味をストレートに楽しめるところが魅力です。
これらに加えて、洋風や中華、エスニック風の汁ものも紹介します。
どれも和食屋ならではの一品だから、食べやすさは保証つき！
炊きたての白いご飯といっしょに、気持ちまで温まる食事を楽しんでください。

「賛否両論」 笠原将弘

目次

Part 1 みそ汁

豚汁12か月

Part 2 すり流し

Part 3 賛否の和風汁

だしについて

本書の決まり

○材料の分量は2〜3人分になっています。おかわりの分やご飯と組み合わせて一食になるよう、少し多めになっています。
○1カップは200mℓ、大さじ1は15mℓ、小さじ1は5mℓです。
○だしは昆布とかつお節でとる「だし汁」（p.8参照）、「鶏だし」（p.48参照）、「あさりだし」（p.64参照）の3種類を基本にしています。「だし汁」については、家庭で手軽にとる「だし汁」と区別するために、店で使っているだし汁を「本格だし（一番だし）」と書いています。分量は違いますが、材料は同じなので、和風のだしとしてどちらを使ってもいいでしょう。
○「だし汁」や「本格だし」をとるときに使っている昆布は、だし用のものです。
○作り方は、だしはとってあるものとして進めています。
○みそは3種類使っています。詳しくはp.9を参照してください。
○塩は自然海塩を使っています。
○太白ごま油とあるのは、くせのない白いごま油で、材料炒めなどに使っても、ほとんど味のじゃまになることがありません。店ですり流しを作るときはこの太白ごま油を使っていますが、普通にサラダ油でもかまいません。

Part
1
みそ汁

白いご飯ときたら、みそ汁。わが家の食卓でも欠かせない組み合わせです。
具の種類に変化をつければ、おかずいらずの一品料理に。
毎日食べたいみそ汁だから、手軽に作れるものを中心に紹介します。

煮るだけ5分の簡単な〝だし汁〟、これなら誰でも作れるでしょ！

だしは、ほとんどこの〝だし汁〟を使っています。難しいことを言っても、今の人は作らないと思うので、ハードルを低くしてみました。材料を全部入れて、煮立ったら弱火にして5分煮るだけ。普通、かつお節は絞らないといいますが、絞ってもいいんですよ。みそが雑味を全部包み込んでくれるので、誰が作ってもおいしいみそ汁が完成するというわけです。

とった〝だし汁〟はすぐに使えて、残ったら冷蔵庫に保存して1〜2日で使いきることがポイント。さらに残りそうなときは、冷凍保存がおすすめです。製氷皿で凍らせておけば、少量使いのお浸しなどにも重宝しますよ。だし汁をとったあとの昆布やかつお節は、つくだ煮にしたり、電子レンジでふりかけにしたりすれば、無駄なく使えます。

●「だし汁」のとり方

◎材料（約4 1/2カップ分）

昆布……10g　かつお節……30g　水……5カップ

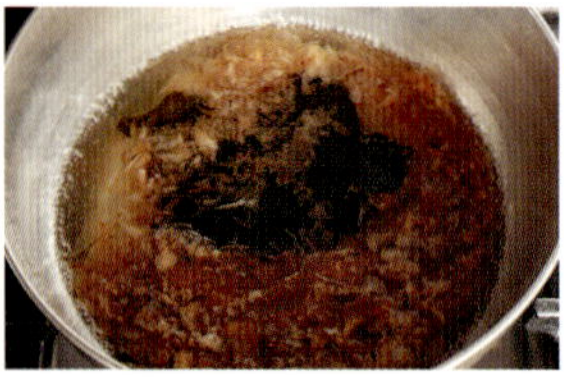

1
鍋に材料のすべてを入れて中火にかける。煮立ったら弱火にし、コトコトと5分ほど煮る。

2
持ち手のついたざるや万能こし器を2個用意し、間にキッチンペーパーをはさみ、1をこす。

3
残ったかつお節は上からお玉で絞ってもよい。火加減にもよるが、おおよそ4 1/2カップのだし汁がとれる。

使っているみそは3種類、単独もよし、ブレンドもなおよし

この本で使っているみそは3種類。どれもスーパーで買えるものばかりなので、ぜひそろえて味の違いを楽しんでください。信州みそはあっさりとしてクセがなく、幅広く使えるタイプ。赤みそは、夏のしじみ汁や、スモーキーな香りがついた焼きなすなどにぴったり。白みそは甘く、香りのよさが特徴で、寒い時期や甘く仕上げたいみそ汁に、とてもよく合います。

また、この3種類のみそは単独に使うだけでなく、ブレンドすると複雑で深みのある味わいを作り出すことができます。ぜひお試しを！

信州みそ
信州が発祥地の淡色辛口の米みそ。主原料の大豆をすりつぶした、こしみそタイプが多い。

赤みそ
正しくは赤だしみそで、八丁みそをベースにした調合みそ。「赤だし」はこの赤みそを使ったみそ汁のこと。

白みそ
西京みそとも呼ばれる甘口の米みそ。塩分が少ないために保存性が低いので、買うときは少量ずつで。

みそを加えたら長く煮ない、香りがとんで、おいしさは半減

みそを加えたあと、グラグラと煮ていませんか？　みそ汁は昔から〝煮えばな〟がおいしいといわれています。煮えはじめてすぐがおいしい。なぜかというと、みそには香りやうまみの成分が含まれていて、これらは長く煮ていると減少するという性質があるからなのです。つまり、みそを加えたらいつまでも煮ていてはダメ。そうはいっても、みそを手早く溶かすのは意外と難しい。そんなときは左に紹介しているように、だし汁で溶きのばしてから加えると、かたまりが残らないし具がくずれませんよ。これホント！

1
みそは小さめのボウルに用意しておき、鍋の中の具が煮えたら、だし汁を少し取り出して加える。

2
みそはかたまりがないようによく溶きのばす。

3
2を鍋にもどしてひと混ぜし、再び煮立ちはじめたら火を止める。ちょうどこの状態が〝煮えばな〟になる。

001
ベーコン＋キャベツ＋黒こしょう

ベーコンとキャベツのみそ汁

◎材料（2〜3人分）
ベーコン（薄切り）…………2枚
キャベツ…………2枚（100g）
だし汁…………3カップ
信州みそ…………大さじ2〜3
粗びき黒こしょう…………少々

1 ベーコンは1cm幅に切り、キャベツはベーコンと同じ大きさに切る。
2 鍋にだし汁を入れて中火にかけ、ベーコンとキャベツを加えてひと煮立ちさせ、みそを溶き入れる。
3 器に盛り、黒こしょうをふる。

002

ツナ缶＋しめじ＋トマト

ツナ、しめじとトマトの赤だし

◎材料（2〜3人分）
ツナ（缶詰）…… 小$3/4$缶（60g）
しめじ………… $1/3$パック
トマト………… 1個
だし汁………… 3カップ
赤みそ………… 大さじ2〜3

1 ツナは缶汁をきっておく。しめじは石づきを取って小房に分け、トマトはへたを取って皮ごとざく切りにする。
2 鍋にだし汁を入れて中火にかけ、ツナとしめじを加えてひと煮立ちさせ、みそを溶き入れる。
3 2にトマトを加えてサッと火を通し、器に盛る。

003

かき＋大根

かきと大根のみそ汁

◎材料（2〜3人分）
かき………… 6個
大根（細い部分）…… 3〜4cm
だし汁………… 3カップ
信州みそ………… 大さじ2〜3
万能ねぎの小口切り…… 少々

1 かきは水洗いし、熱湯にサッと通す。大根は皮をむき、太めのマッチ棒くらいに切る。
2 鍋にだし汁と大根を入れて中火にかけ、大根が煮えたらみそを溶き入れる。
3 2にかきを加えてサッと火を通し、器に盛って万能ねぎの小口切りを散らす。

004

生ざけ＋じゃがいも＋バター

北海みそ汁バター風味

◎材料（2〜3人分）

生ざけ（切り身）………… 1切れ
じゃがいも………… 1個
だし汁………… 3カップ
信州みそ＋白みそ…… 大さじ2〜3
バター………… 大さじ1弱（10g）
粗びき黒こしょう………… 少々

1 さけは、あれば腹骨をすき取って食べやすい大きさに切り、熱湯にサッと通す。じゃがいもは皮をむき、8つに切る。

2 鍋にだし汁とじゃがいもを入れて中火にかけ、煮立ったら火を少し弱めてしばらく煮る。じゃがいもがやわらかく煮えたら、みそを溶き入れる。

3 2にさけを加えて火を通し、器に盛る。仕上げにバターをのせ、黒こしょうをふる。

005

ミニトマト＋ブロッコリー

トマトとブロッコリーの赤だし

◎材料（2～3人分）
ミニトマト………… 6個
ブロッコリー………… $1/3$個
だし汁………… 3カップ
赤みそ………… 大さじ2～3

1 トマトはへたを取り、皮を湯むきする。ブロッコリーは小房に分ける。
2 鍋にだし汁を入れて中火にかけ、ブロッコリーを加える。ブロッコリーがやわらかく煮えたらトマトを加えてひと煮立ちさせ、みそを溶き入れて、器に盛る。

006

ペコロス＋溶きがらし

ペコロスの赤だし

◎材料（2～3人分）
ペコロス（小玉ねぎ）………… 4～6個
だし汁………… 3カップ
赤みそ………… 大さじ2～3
溶きがらし………… 少々

1 ペコロスは皮をむき、根元をきれいに切り落とす。
2 鍋にだし汁とペコロスを入れて中火にかけ、煮立ったら火を少し弱めてしばらく煮る。ペコロスがやわらかく煮えたら、みそを溶き入れる。
3 器に盛り、ペコロスに溶きがらしをのせる。

Part
1
みそ汁

007
ルッコラ + 岩のり

ルッコラと岩のりのみそ汁

◎材料（2～3人分）
ルッコラ………… 1袋（約50g）
岩のり（乾燥）………… 3g
だし汁………… 3カップ
信州みそ………… 大さじ2～3

1 ルッコラはざく切りにする。
2 鍋にだし汁を煮立ててみそを溶き入れ、ルッコラと岩のりを加えてサッと火を通し、器に盛る。

008
にんじん + アスパラガス

リボンにんじんとアスパラガスのみそ汁

◎材料（2～3人分）
にんじん………… 1/3本
グリーンアスパラガス………… 2本
だし汁………… 3カップ
信州みそ………… 大さじ2～3
糸花かつお………… 少々

1 にんじんは皮をむき、ピーラーで縦の薄いリボン状に切る。アスパラガスは根元のかたい部分の皮をむき、にんじんと同じようにリボン状に切る。
2 鍋にだし汁を煮立ててみそを溶き入れ、にんじんとアスパラガスを加えてサッと火を通す。
3 器に盛り、糸花かつおをのせる。

009

あさり+キャベツ+セロリ

あさり、キャベツとセロリのみそ汁

◎材料（2〜3人分）

あさり………… 7〜8個（100g）

キャベツ………… 1枚（50g）

セロリ………… 10cm

A
- 水………… 2$\frac{3}{4}$カップ
- 酒………… $\frac{1}{4}$カップ
- 昆布………… 3cm角

信州みそ………… 大さじ2〜3

1 あさりは砂出しをし、殻をよくこすり洗いする。キャベツは食べやすいざく切りに、セロリは薄切りにする。

2 鍋にあさりとAの材料を入れて中火にかけ、出てきたあくを取り除く。あさりの口があいたら、昆布を取り出す。

3 2にキャベツとセロリを加えてひと煮立ちさせ、みそを溶き入れて、器に盛る。

010

しじみ＋レタス

しじみとレタスの赤だし

◎材料（2〜3人分）

しじみ………… 30〜40個（100g）

レタス（外葉）………… 2〜3枚

A
- 水………… $2\frac{3}{4}$カップ
- 酒………… $\frac{1}{4}$カップ
- 昆布………… 3cm角

赤みそ………… 大さじ2〜3

1 しじみは砂出しをし、殻をよくこすり洗いする。

2 鍋にしじみとAの材料を入れて中火にかけ、出てきたあくを取り除く。しじみの口があいたら、昆布を取り出す。

3 2にみそを溶き入れ、レタスを手でちぎって加えてサッと火を通し、器に盛りつける。

月替わりの豚汁はいかがですか？

豚汁12か月

僕も含めて、若い男性は豚汁《とんじる》が大好き。やっぱり豚バラ肉の力でしょうか？
豚汁は副菜というより、メインになるくらいの存在感があります。
たくさん作って、冷凍保存している男性も多いとか。
そこで思いついたのが、毎月違う豚汁を食べたい人への12種類のレシピ。
なかなかの傑作ぞろいです。

011

豚バラ肉＋根菜＋こんにゃく

おなじみ豚汁

◎材料（2〜3人分）
豚バラ肉（薄切り）………… 100g
大根（細い部分）………… 4cm
にんじん………… 1/3本
生しいたけ………… 2個
こんにゃく…… 1/5枚（50g）
だし汁………… 3カップ
信州みそ………… 大さじ2〜3
長ねぎの小口切り………… 適量

1 豚肉は食べやすい大きさに切り、熱湯にサッと通す。大根は皮をむいて3〜4㎜厚さのいちょう切りにし、にんじんも皮をむいて大根と同じように切る。しいたけは軸を取り、5〜6㎜幅に切る。
2 こんにゃくは手で食べやすい大きさにちぎり、5分ほどゆでてあくを抜く。
3 鍋にだし汁と1の材料を入れて中火にかけ、煮立ったら火を少し弱めてしばらく煮る。大根とにんじんが煮えたら、こんにゃくを加えてひと煮立ちさせ、みそを溶き入れる。
4 器に盛り、長ねぎの小口切りをのせる。

012

焼きもち＋にんじん＋しいたけ

1月

雑煮風の白みそ豚汁

◎材料（2〜3人分）

豚バラ肉（薄切り）………… 100g
もち（角切り）………… 2個
にんじん（細い部分）…… 1/4本
生しいたけ………… 2個
糸三つ葉………… 2〜3本
だし汁………… 3カップ
白みそ………… 大さじ2〜3
黄ゆずの皮………… 少々

1 もちはこんがりと焼いておく。
2 豚肉は食べやすい大きさに切り、熱湯にサッと通す。にんじんは皮をむいて2〜3㎜厚さの輪切りにし、しいたけは軸を取る。
3 三つ葉は1cm長さに切る。
4 鍋にだし汁と2の材料を入れて中火にかけ、煮立ったら火を少し弱めてしばらく煮る。にんじんが煮えたら、みそを溶き入れる。
5 器に焼いたもちを入れて4を盛り、三つ葉を散らして、中央にゆずの皮を飾る。

013
新じゃが＋新玉ねぎ

2月

新じゃがと新玉ねぎの豚汁ごま風味

◎材料（2〜3人分）
豚バラ肉（薄切り）………… 100g
新じゃがいも………… 小2個
新玉ねぎ………… 1/4個
ごま油………… 小さじ2
だし汁………… 3カップ
信州みそ………… 大さじ2〜3
万能ねぎの小口切り………… 適量

1 豚肉は食べやすい大きさに切る。じゃがいもはよく洗い、皮つきのまま4〜6個に切る。玉ねぎは繊維に沿って薄切りにする。
2 鍋にごま油を熱して豚肉を炒め、肉の色が変わったらじゃがいもと玉ねぎを加えて、じゃがいもに少し焦げ目がつくくらいまで炒める。
3 2にだし汁を注いでしばらく煮て、じゃがいもがやわらかくなったらみそを溶き入れる。器に盛り、万能ねぎの小口切りを散らす。

014
アスパラガス＋春キャベツ

3月

アスパラガスと春キャベツの豚汁

◎材料（2〜3人分）
豚バラ肉（薄切り）………… 100g
春キャベツ………… 3枚（150g）
グリーンアスパラガス………… 2本
だし汁………… 3カップ
信州みそ………… 大さじ2〜3

1 豚肉は食べやすい大きさに切り、熱湯にサッと通す。キャベツは食べやすい大きさのざく切りにし、アスパラガスは根元のかたい部分の皮をむいて3〜4㎝長さの斜め切りにする。
2 鍋にだし汁と1の材料を入れて中火にかけ、煮立ったら火を少し弱めてしばらく煮る。アスパラガスが煮えたらみそを溶き入れ、器に盛る。

015
たけのこ＋わかめ

4月
たけのことわかめの豚汁

◎材料（2〜3人分）
豚バラ肉（薄切り）………… 100g
ゆでたけのこ………… $\frac{1}{4}$本（50g）
わかめ（もどして）………… 30g
だし汁………… 3カップ
信州みそ………… 大さじ2〜3
木の芽………… 適量

1 豚肉は食べやすい大きさに切り、熱湯にサッと通す。たけのこは4〜5㎜厚さに縦に切り、わかめはざく切りにする。
2 鍋にだし汁と1の材料を入れて中火にかけ、煮立ったら火を少し弱めて4〜5分煮る。たけのこが煮えたらみそを溶き入れ、器に盛り、木の芽を飾る。

016
新ごぼう＋水菜

5月
新ごぼうと水菜の白みそ豚汁

◎材料（2〜3人分）
豚バラ肉（薄切り）………… 100g
新ごぼう………… $\frac{1}{2}$本
水菜………… 1株
だし汁………… 3カップ
白みそ………… 大さじ2〜3
粉山椒………… 少々

1 豚肉は食べやすい大きさに切り、熱湯にサッと通す。ごぼうは皮をこそげてささがきにし、水にさらしてあくを抜く。
2 水菜は根元を落として3㎝長さに切る。
3 鍋にだし汁と1の材料を入れて中火にかけ、煮立ったら火を少し弱めてしばらく煮る。ごぼうが煮えたらみそを溶き入れ、水菜を加えてサッと火を通す。器に盛り、粉山椒をふる。

017

豆腐 + 梅干し

6月

豆腐、梅干しと青じその豚汁

◎材料（2〜3人分）
豚バラ肉（薄切り）………… 100g
豆腐………… $\frac{1}{3}$丁（100g）
青じそ………… 10枚
梅干し………… 2個
だし汁………… 3カップ
信州みそ………… 大さじ2〜3

1 豚肉は食べやすい大きさに切り、熱湯にサッと通す。豆腐は1cmの角切りにする。
2 青じそはせん切りにして水にさらし、水けをふき取る。
3 鍋にだし汁、豚肉、豆腐と梅干しを入れて中火にかけ、豆腐をひと煮立ちさせてみそを溶き入れる。器に盛り、青じそをのせる。

018

焼きなす + みょうが

7月

焼きなすとみょうがの赤だし豚汁

◎材料（2〜3人分）
豚バラ肉（薄切り）………… 100g
なす………… 2個
みょうが………… 2個
だし汁………… 3カップ
赤みそ………… 大さじ2〜3

1 豚肉は食べやすい大きさに切り、熱湯にサッと通す。なすはへたを取って皮を真っ黒になるまで焼いて焼きなすにし、皮をむいて食べやすい大きさに切る。
2 みょうがは小口切りにして水にさらし、水けをふき取る。
3 鍋にだし汁と1の材料を入れて中火にかけ、ひと煮立ちさせてみそを溶き入れる。器に盛り、みょうがをのせる。

019
とうがん＋トマト

8月
とうがんとトマトの赤だし豚汁

◎材料（2〜3人分）

豚バラ肉（薄切り）…………100g
とうがん…………150g
トマト…………1個
だし汁…………3カップ
赤みそ…………大さじ2〜3
粗びき黒こしょう…………少々

1 豚肉は食べやすい大きさに切り、熱湯にサッと通す。とうがんはわたと種を除いて皮をむき、2cm角くらいに切る。
2 トマトはへたを取り、食べやすい大きさに切る。
3 鍋にだし汁と1の材料を入れて中火にかけ、煮立ったら火を少し弱めてしばらく煮る。とうがんが煮えたらトマトを加えてひと煮立ちさせ、みそを溶き入れる。器に盛り、黒こしょうをふる。

020
きのこ＋長ねぎ

9月
いろいろきのこと長ねぎの豚汁

◎材料（2〜3人分）

豚バラ肉（薄切り）…………100g
生しいたけ…………2個
しめじ……1/3パック
えのきだけ……1/3袋
長ねぎ…………1/3本
サラダ油……小さじ2
だし汁……3カップ
信州みそ…………大さじ2〜3
一味唐辛子…………少々

1 豚肉は食べやすい大きさに切る。
2 しいたけは軸を取って手で半分にちぎり、しめじは石づきを取って小房に分ける。えのきだけは根元を落とし、手で細かくほぐす。長ねぎは斜め薄切りにする。
3 鍋にサラダ油を熱して豚肉を炒め、肉の色が変わったら2の材料を加えて炒め合わせる。きのこの香りが出てきたらだし汁を注ぎ、きのこをひと煮立ちさせてみそを溶き入れる。器に盛り、一味唐辛子をふる。

021

かぼちゃ＋クレソン

10月

かぼちゃとクレソンの
豚汁

◎材料（2〜3人分）

豚バラ肉（薄切り）………… 100g

かぼちゃ………… 1/8個（200g）

クレソン………… 1/2わ

だし汁………… 3カップ

信州みそ………… 大さじ2〜3

1 豚肉は食べやすい大きさに切り、熱湯にサッと通す。かぼちゃは種を取り、小さめの一口大に切る。

2 クレソンは3cm長さに切る。

3 鍋にだし汁と1の材料を入れて中火にかけ、煮立ったら火を少し弱めてしばらく煮る。かぼちゃが煮えたらクレソンを加え、みそを溶き入れて、器に盛る。

022

かぶ＋九条ねぎ

11月

かぶと九条ねぎの
白みそ豚汁

◎材料（2〜3人分）

豚バラ肉（薄切り）………… 100g

かぶ………… 2個

九条ねぎ（青ねぎ）………… 1本

だし汁………… 3カップ

白みそ………… 大さじ2〜3

黄ゆずのすりおろし………… 少々

1 豚肉は食べやすい大きさに切り、熱湯にサッと通す。かぶは皮をむき、縦8つに切る。

2 九条ねぎは3〜4cm長さの斜め切りにする。

3 鍋にだし汁と1の材料を入れて中火にかけ、煮立ったら火を少し弱めてしばらく煮る。かぶが煮えたら九条ねぎを加えてひと煮立ちさせ、みそを溶き入れる。器に盛り、黄ゆずのすりおろしを散らす。

023

白菜＋春菊＋とろろ

12月

白菜、春菊のとろろ豚汁

◎材料（2〜3人分）
豚バラ肉（薄切り）…………100g
白菜…………2枚（200g）
春菊…………1/5わ
山いも…………50g
だし汁…………3カップ
信州みそ……大さじ2〜3

1 豚肉は食べやすい大きさに切り、熱湯にサッと通す。白菜は食べやすい大きさに切り、春菊は葉と茎に分け、茎は細かく刻む。
2 山いもは皮をむいてすりおろし、とろろにする。
3 鍋にだし汁、豚肉、白菜と春菊の茎を入れて中火にかけ、煮立ったら火を少し弱めてしばらく煮る。白菜が煮えたら、みそを溶き入れる。
4 器に盛り、とろろをのせて春菊の葉を飾る。

024

アボカド＋納豆＋豆腐

アボカド納豆の豆腐みそ汁

◎材料（2〜3人分）
アボカド………… 1/2個
納豆………… 1パック（40g）
豆腐………… 1/3丁（100g）
だし汁………… 3カップ
信州みそ＋白みそ…… 大さじ2〜3

1 アボカドは種を取り、皮をむいて一口大に切る。豆腐は軽く水きりをしておく。
2 鍋にだし汁を煮立ててみそを溶き入れ、アボカド、納豆、豆腐は手でくずしながら加えてひと煮立ちさせ、器に盛る。

025

三色パプリカ＋ちりめんじゃこ

三色パプリカとじゃこのみそ汁

◎材料（2〜3人分）
パプリカ（赤、黄、緑）…… 各1/4個
ちりめんじゃこ………… 大さじ1
だし汁………… 3カップ
信州みそ…… 大さじ2〜3

1 パプリカは各色ともへたと種を取り、せん切りにする。

2 鍋にだし汁、パプリカとじゃこを入れて中火にかけ、ひと煮立ちさせてみそを溶き入れ、器に盛る。

026

にら＋温泉卵

にらと温泉卵のみそ汁

◎材料（2〜3人分）
にら…………5本
温泉卵（市販品）…………2〜3個
だし汁…………3カップ
信州みそ……大さじ2〜3

1 にらは3cm長さに切る。
2 鍋にだし汁を煮立ててみそを溶き入れ、にらを加えてひと煮立ちさせる。
3 器に温泉卵を割り入れ、2を盛る。

027
とろろ+うずらの卵

とろろみそ汁月見仕立て

◎材料（2〜3人分）
山いも………… 100g
塩………… 少々
うずらの卵………… 2〜3個
だし汁………… 3カップ
信州みそ………… 大さじ2〜3
青のり………… 少々

1 山いもは皮をむいてすりおろし、とろろにして塩で調味する。
2 鍋にだし汁を煮立ててみそを溶き入れる。
3 器に2を盛り、とろろを落としてうずらの卵を割り入れ、青のりをふる。

028

玉ねぎ+長ねぎ+万能ねぎ

カゼ知らずのねぎ三兄弟

◎材料（2～3人分）
玉ねぎ………… 1/4個
長ねぎ………… 1/4本
万能ねぎ………… 2本
だし汁………… 3カップ
信州みそ…… 大さじ2～3

1 玉ねぎは繊維に沿って薄切りにし、長ねぎは斜め薄切りにする。万能ねぎは小口切りにする。
2 鍋にだし汁、玉ねぎと長ねぎを入れて中火にかけ、ひと煮立ちさせてみそを溶き入れる。
3 器に盛り、万能ねぎの小口切りを散らす。

029

大根＋大根おろし＋貝割れ菜

消化のお助け大根三兄弟

◎材料（2〜3人分）
大根（細い部分）………… 8cm
貝割れ菜………… 1/4パック
だし汁………… 3カップ
信州みそ………… 大さじ2〜3

1 大根は皮をむいて長さを半分に切り、半量は太めのマッチ棒状に切り、残りはすりおろす。貝割れ菜は根元を落とし、長さを3等分に切る。
2 鍋にだし汁と棒状に切った大根を入れて中火にかけ、煮立ったら火を少し弱めてしばらく煮る。大根が煮えたら、みそを溶き入れる。
3 2に大根おろしと貝割れ菜を加えてひと煮立ちさせ、器に盛る。

030

じゃがいも＋さつまいも＋長いも

食物繊維のいも三姉妹

◎材料（2〜3人分）
じゃがいも………… 小1個
さつまいも………… 1〜1.5㎝
長いも………… 2㎝
だし汁………… 3カップ
赤みそ………… 大さじ2〜3

1 じゃがいもは皮をむいて栗くらいの大きさに切る。さつまいもはよく洗って皮つきのまま2〜3㎜厚さの輪切りにし、直火であぶって両面に焦げ目をつける。長いもは皮をむき、みじん切りにする。
2 鍋にだし汁、じゃがいも、さつまいもを入れて中火にかけ、煮立ったら火を少し弱めてしばらく煮る。両方のいもが煮えたら、みそを溶き入れる。
3 器に盛り、長いもをのせる。

031
豆腐＋油揚げ＋豆乳

イソフラボンの大豆三姉妹

◎材料（2〜3人分）
豆腐………… 1/3丁（100g）
油揚げ………… 1/2枚
豆乳（無調整）………… 大さじ4
だし汁………… 3カップ
信州みそ＋白みそ…… 大さじ2〜3

1 豆腐は1cmの角切りにする。油揚げは両面に焼き色をつけ、縦半分に切って端から1cm幅に切る。
2 鍋にだし汁を煮立ててみそを溶き入れ、豆腐、油揚げ、豆乳を加えて、沸騰させないように気をつけながら温め、器に盛る。

032
にら＋もやし

にらもやしのみそ汁にんにく風味

◎材料（2〜3人分）
にら…………5本
もやし…½袋（100g）
にんにく…………1かけ
だし汁…………3カップ
信州みそ＋赤みそ
……大さじ2〜3
一味唐辛子……少々

1 にらは3cm長さに切り、もやしは水洗いする。にんにくは薄切りにする。
2 鍋にだし汁、もやし、にんにくを入れて中火にかけ、ひと煮立ちしたらみそを溶き入れる。
3 2ににらを加えてサッと火を通し、器に盛って一味唐辛子をふる。

033
油揚げ＋水菜

揚げと水菜のみそ汁

◎材料（2〜3人分）
油揚げ…………1枚
水菜…………2株
だし汁…………3カップ
信州みそ＋白みそ…………大さじ2〜3

1 油揚げは細切りにし、水菜は根元を落として3cm長さに切る。
2 鍋にだし汁と油揚げを入れて中火にかけ、ひと煮立ちしたらみそを溶き入れる。
3 2に水菜を加えてサッと火を通し、器に盛る。

Part
1
みそ汁

034

かぼちゃ＋みょうが

かぼちゃとみょうがの赤だし

◎材料（2〜3人分）
かぼちゃ………… 1/10個（150g）
みょうが………… 1個
だし汁………… 3カップ
赤みそ………… 大さじ2〜3

1 かぼちゃは種を取り、7〜8㎜厚さの食べやすい大きさに切る。みょうがは小口切りにし、水にさらして水けをふき取る。
2 鍋にだし汁とかぼちゃを入れて中火にかけ、煮立ったら火を少し弱めてしばらく煮る。かぼちゃが煮えたら、みそを溶き入れる。
3 器に盛り、みょうがをのせる。

035

小松菜＋卵

小松菜の卵とじみそ汁

◎材料（2〜3人分）
小松菜………… 2株
卵………… 1個
だし汁………… 3カップ
信州みそ………… 大さじ2〜3

1 小松菜は根元を切り落とし、1cm長さに切る。
2 鍋にだし汁と小松菜を入れて中火にかけ、ひと煮立ちしたらみそを溶き入れる。
3 2に溶きほぐした卵を流し入れ、半熟状に煮えたら火を止め、器に盛る。

036

鶏肉+里いも+しめじ

野良汁

◎材料（2〜3人分）
鶏もも肉………… 50g
里いも………… 1個
ごぼう………… 10cm
しめじ………… $\frac{1}{3}$パック
ごま油………… 小さじ1
だし汁………… 3カップ
信州みそ+赤みそ…… 大さじ2〜3
すり白ごま………… 大さじ$\frac{1}{2}$
万能ねぎの小口切り………… 少々

1 鶏肉は小さめの一口大に切る。里いもは皮をむいて1cmの角切りにし、塩少々（分量外）でもんで、サッと水洗いする。ごぼうは皮をこそげてささがきにし、水に少しさらしてあくを抜く。しめじは石づきを取って小房に分ける。

2 鍋にごま油を熱して鶏肉を炒め、肉の色が変わったら里いも、ごぼう、しめじを加えて炒め合わせる。野菜に油がまわったらだし汁を注ぎ、煮立ったら火を少し弱めてしばらく煮る。里いもが煮えたら、みそを溶き入れる。

3 器に盛り、白ごまをふって、万能ねぎの小口切りを散らす。

037

豚肉＋かまぼこ＋春菊

沖縄風豚こま汁

◎材料（2〜3人分）
豚こま切れ肉………… 50g
かまぼこ………… 40g
生しいたけ………… 2個
春菊………… 2〜3株
だし汁………… 3カップ
白みそ………… 大さじ2〜3

1 豚肉は細切りにし、かまぼこは5㎜角くらいの食べやすい棒状に切る。しいたけは石づきを取って薄切りにし、春菊は葉を摘み取って茎は使わない。

2 鍋にだし汁、豚肉、かまぼこ、しいたけを入れて中火にかけ、あくを取りながらひと煮立ちさせ、みそを溶き入れる。

3 **2**に春菊の葉を加えてサッと火を通し、器に盛る。

038
ポテト白玉＋白みそ

ポテト白玉の白みそ汁

◎材料（2〜3人分）
ポテト白玉
- じゃがいも…………約1/2個
- 白玉粉…………50g
- 塩…………少々

だし汁…………3カップ
白みそ…………大さじ2〜3
万能ねぎの小口切り……少々

1 じゃがいもは皮をむいてすりおろし、汁ごと約50gを用意する。ボウルに入れて白玉粉と塩を加え、耳たぶくらいのかたさになるまでこねる。生地がかたいようなら、水少々を加える。
2 1の生地を6〜7等分にして丸めて軽くつぶし、中央を少しへこませて熱湯に入れ、浮き上がってきたらさらに1〜2分ゆでて、水にとる。
3 鍋にだし汁を煮立ててみそを溶き入れ、ポテト白玉を加えて温める。器に盛り、万能ねぎの小口切りを散らす。

039

オクラだんご＋赤みそ

オクラだんごの赤だし

◎材料（2～3人分）
オクラだんご
- オクラ………8本
- 塩………少々
- 片栗粉………大さじ1

だし汁………3カップ
赤みそ………大さじ2～3

1 オクラは水洗いして塩少々（分量外）をふって表面をこすり、熱湯で1～2分ゆでて、氷水にとる。水けをきり、へたと種を取って、包丁で粘りが出るまで細かくたたく。
2 1をボウルに入れ、塩と片栗粉を加えてよく混ぜ合わせる。
3 鍋にだし汁を入れて中火にかけ、煮立ってきたら2の生地をスプーンで直径2cmくらいのだんごに丸めて落とし、1～2分煮て火を通す。みそを溶き入れ、器に盛る。

040

まいたけ + バター

まいたけみそ汁バター風味

◎材料（2〜3人分）
まいたけ…… 1パック
バター…………
大さじ1弱（10g）
だし汁…… 3カップ
信州みそ
…… 大さじ2〜3
粗びき黒こしょう
………… 少々

1 まいたけは小房に分ける。

2 鍋にバターを溶かしてまいたけを炒め、しんなりしたらだし汁を注ぐ。煮立ってきたらみそを溶き入れ、器に盛って黒こしょうをふる。

041

なめこ + にんにく

なめこの赤だしにんにく風味

◎材料（2〜3人分）
なめこ………… 1袋
にんにく………… 1かけ
だし汁………… 3カップ
赤みそ………… 大さじ2〜3

1 なめこは熱湯にサッと通し、軽く水洗いする。にんにくはみじん切りにする。

2 鍋にだし汁となめこを入れて中火にかけ、ひと煮立ちしたらみそを溶き入れる。

3 2ににんにくを加えてサッと火を通し、器に盛る。

042
焼きしいたけ＋焼き厚揚げ

焼きしいたけと焼き厚揚げの白みそ汁

◎材料（2～3人分）
生しいたけ………… 小6個
厚揚げ………… 1/2枚（100g）
だし汁………… 3カップ
白みそ………… 大さじ2～3

1 しいたけは軸を取って直火でこんがりと焼く。厚揚げも表面をしっかり焼き、1～1.5㎝の角切りにする。
2 鍋にだし汁と1の材料を入れて中火にかけ、ひと煮立ちしたらみそを溶き入れ、器に盛る。

043
えのきだけ＋三つ葉

えのきと三つ葉のみそ汁

◎材料（2～3人分）
えのきだけ………… 1袋
糸三つ葉………… 1/3わ
だし汁………… 3カップ
信州みそ………… 大さじ2～3

1 えのきだけは根元を落とし、1㎝長さに切って細かくほぐす。三つ葉は葉を除き、茎だけをみじん切りにする。
2 鍋にだし汁とえのきだけを入れて中火にかけ、ひと煮立ちしたらみそを溶き入れる。
3 器に盛り、三つ葉の茎を散らす。

044

モッツァレラチーズ+トマト+青じそ

モッツァレラチーズのイタリアンみそ汁

◎材料（2〜3人分）

モッツァレラチーズ……60g

トマト…………1個

青じそ…………3枚

だし汁…………3カップ

信州みそ+白みそ……大さじ2〜3

1 モッツァレラチーズは1〜1.5㎝の角切りにする。トマトはへたを取ってざく切りにし、青じそはせん切りにする。

2 鍋にだし汁を煮立ててみそを溶き入れ、チーズとトマトを加えて、チーズがトロリとするまで温める。

3 器に盛り、青じそを散らす。

045
なす＋ししとう＋みょうが

なすとししとうの赤だし

◎材料（2〜3人分）
なす………… 1個
ししとう………… 4本
みょうが………… 1個
だし汁………… 3カップ
赤みそ………… 大さじ2〜3

1 なすはへたを取り、縦半分に切って薄めの半月切りにする。ししとうはへたを取り、1cm長さに切る。みょうがは縦にせん切りにする。
2 鍋にだし汁と1の材料を入れて中火にかけ、ひと煮立ちしたらみそを溶き入れ、器に盛る。

046

ゴーヤー＋もずく

ゴーヤーもずくの赤だし

◎材料（2〜3人分）
ゴーヤー………… 1/2本
もずく………… 50g
だし汁………… 3カップ
赤みそ………… 大さじ2〜3
いり白ごま………… 少々

1 ゴーヤーは縦半分に切って中の種とわたをこそげ取り、薄切りにする。熱湯にサッと通して水にさらし、水けをきる。
2 もずくは食べやすい長さに切る。
3 鍋にだし汁を煮立ててみそを溶き入れ、ゴーヤーともずくを加えてサッと火を通す。器に盛り、白ごまをふる。

おろしれんこん＋貝割れ菜

おろしれんこんのすり流し風みそ汁

◎材料（2〜3人分）
れんこん………… 1/2節（100g）
貝割れ菜………… 1/4パック
だし汁………… 3カップ
信州みそ………… 大さじ2〜3

1 れんこんは皮をむき、すりおろす。貝割れ菜は根元を落とし、1cm長さに切る。
2 鍋にだし汁を煮立ててみそを溶き入れ、すりおろしたれんこんを加えて、かき混ぜながら薄いとろみがつくまで煮る。
3 **2**に貝割れ菜を加えてひと混ぜし、器に盛る。

048

あじの干もの＋きゅうり＋香味野菜

冷や汁

◎材料（2〜3人分）
あじの干もの………… 1枚
きゅうり………… 1本
塩………… 少々
青じそ………… 3枚
みょうが………… 1個
万能ねぎ………… 1〜2本
信州みそ………… 大さじ2〜3
だし汁（つめたいもの）…… 3カップ
みりん………… 小さじ1
いり白ごま………… 少々

1 あじの干ものは焼いて皮と骨を取り除き、身をほぐして、さらに包丁で細かくたたく。
2 きゅうりは小口切りにして塩でもみ、しんなりしたら水けを絞る。青じそは縦半分に切ってせん切りに、みょうがと万能ねぎは小口切りにする。
3 ボウルにみそと1のあじを入れ、だし汁を少しずつ注ぎながらよく混ぜ合わせ、みりんで味を調える。
4 3に2の野菜を加えてひと混ぜし、器に盛り、白ごまをふる。

049

焼きなす＋しょうが

たたき焼きなすの冷やしみそ汁

◎材料（2〜3人分）
なす………… 2個
だし汁………… 3カップ
信州みそ………… 大さじ2〜3
万能ねぎの小口切り………… 少々
おろししょうが………… 少々

1 なすはへたを取って皮を真っ黒になるまで焼いて焼きなすにし、皮をむいて食べやすい大きさに切る。
2 鍋にだし汁と焼きなすを入れて中火にかけ、ひと煮立ちしたらみそを溶き入れ、粗熱が取れたら食べる直前まで冷蔵庫で冷やす。
3 器に盛り、万能ねぎの小口切りをのせて、おろししょうがを添える。

Part 2

すり流し

聞き慣れない料理名かもしれませんが、早い話が〝和風ポタージュ〟。野菜や海藻、豆などをだしで煮て、ミキサーでポタージュ状にしたものです。店でも季節ごとにすり流しを出していますが、お客さんに大人気です。

安い手羽先でとる極上の〝鶏だし〟。汁にコクが出て、味が深まる

このすり流しのパートも、多くは〝だし汁〟（P.8参照）で作っています。和食の基本ですからね。でもいろいろ試していくうちに、いくつかのすり流しには〝鶏だし〟、またあとで紹介する〝あさりだし〟（P.64参照）がよく合うことがわかりました。

鶏だし用の手羽先はスーパーで安く売られているので経済的です。はじめに湯通ししておけば、あくも出ないのでコトコトと煮るだけでOK。煮たあとの手羽先は焼いたり、炒めたり、そのまま塩わさびで食べてもおいしいですよ。鶏だしはとったらすぐに使いましょう。残ったときは冷蔵庫に保存して1～2日で使いきってください。冷凍保存もOKです。このだしは、次のパートの「和風汁」でも使っています。

●「鶏だし」のとり方

◎材料（約4カップ分）　手羽先……5本　昆布……5g
酒……1/2カップ　塩……ひとつまみ　水……5カップ

1
手羽先は水洗いし、関節のところで半分に切る。鍋に湯を沸かし、手羽先を入れてサッと湯通しする。

2
別の鍋に材料のすべてを入れて中火にかけ、煮立ったら表面が少しおどる程度の火加減にして30分ほど煮る。

3
持ち手のついたざるや万能こし器を2個用意し、間にキッチンペーパーをはさみ、2をこす。おおよそ4カップ分の鶏だしがとれる。

すり流しは素材の風味が決め手。おいしさの合図を見逃さずに

すり流しは西洋料理のポタージュとは違って、野菜や豆、海藻など、素材のうまみをしみじみと味わえるところがポイント。作るときも、そんなことを考えながら作ってもらえるといいですね。作り方は簡単。炒めて、だし汁で煮て、ミキサーにかけるだけ。作業が単純な分、おいしさを引き出すコツがあるんです。そのひとつは炒め方。野菜などを炒めるとプ〜ンと香りがしてくるでしょ、これがおいしさの合図です。ここまで炒めてください。もうひとつは、煮るときに火加減を弱火にすること。強火にすると水分が蒸発してしまうので、気をつけて。

1
油を熱して野菜を入れたらすぐに塩をふり、野菜の香りが出てくるまで炒めるのが、おいしさを生むコツ。

2
煮たあとミキサーにかけるので、野菜が煮くずれるくらいまで煮ること。このときの火加減は弱火が原則。

3
煮上がったら粗熱を取り、煮汁ごとミキサーにかけてポタージュ状にする。

濃度の調整がきき、めんつゆのほか、ソースやあえ衣にも使えます

すり流しのよさは、応用範囲が広いということです。例えば、だしを多めにすれば薄く仕上がり、逆に煮詰めていけば濃度が上がるというわけです。ラーメンを加えたり、つけめんのつゆにしたり、またソースやあえ衣にも使えますよ。意外でしょ。そうそう離乳食や高齢者向けの食事にもぴったりです。あっさりとしただしをベースに作っているので食べやすいし、和食を食べ慣れた人にすぐに受け入れてもらえるのもいいですね。多くのすり流しは冷凍保存できるので、生活に合わせて活用してください。

わかめのすり流し
(p.56参照)
海藻とあさりの風味が、ラーメンやそうめんなどのつけつゆによく合う。

じゃがいもとキャベツのすり流し
(p.54参照)
すり流しをソースとしてゆで鶏にかけると、しっとりとした一品に。

桃とトマトのすり流し(p.63参照)
果物のすり流しにヨーグルトを合わせると、ちょっとしたデザートにも。

050

かぶ＋だし汁

かぶのすり流し

◎材料（2〜3人分）
かぶ………… 8個
太白ごま油、またはサラダ油
………… 大さじ1
塩………… ひとつまみ
だし汁………… 3カップ
みりん、うす口しょうゆ
………… 各小さじ1
ゆずの皮のすりおろし…… 少々

1 かぶは皮をむき、縦4〜6等分に切って薄切りにする。
2 鍋に太白ごま油を熱してかぶを入れ、すぐに塩をふって炒め、しんなりしてきたらだし汁を注ぐ。煮立ってきたら弱火にし、かぶが煮くずれるくらいまで煮て、みりんとうす口しょうゆで調味する。
3 2の粗熱を取ってミキサーにかけ、ポタージュ状にする。再び鍋にもどして温め直し、器に盛ってゆずの皮のすりおろしをのせる。

◎アレンジ
かぶの葉のかぶのすり流しがけ
かぶの葉はサッとゆでて食べやすい長さに切り、うす口しょうゆとごま油をふって下味をつける。器に盛り、冷やしたかぶのすり流しをかけて、いり白ごまをのせる。

051

かぼちゃ＋セロリ＋鶏だし

かぼちゃとセロリのすり流し

◎材料（2〜3人分）
かぼちゃ………… 1/4個（400g）
セロリ………… 1/3本
玉ねぎ………… 1/4個
太白ごま油、またはサラダ油
………… 大さじ1
塩………… ひとつまみ
鶏だし（p.48参照）…… 3カップ
うす口しょうゆ………… 小さじ1
粗びき黒こしょう………… 少々

1 かぼちゃは皮をむいて種を取り除き、縦3〜4等分に切って薄切りにする。セロリと玉ねぎも薄切りにする。
2 鍋に太白ごま油を熱してセロリと玉ねぎを入れ、すぐに塩をふって炒め、しんなりしてきたらかぼちゃを加えて炒め合わせる。かぼちゃの香りが出てきたら鶏だしを注ぎ、煮立ったら弱火にしてかぼちゃが煮くずれるまで煮て、うす口しょうゆで調味する。
3 **2**の粗熱を取ってミキサーにかけ、ポタージュ状にする。再び鍋にもどして温め直し、器に盛って黒こしょうをふる。

052

きのこ＋鶏だし

いろいろきのこのすり流し

◎材料（2〜3人分）
生しいたけ……… 4個
エリンギ………… 2本
しめじ………… 1パック
玉ねぎ………… 1/4個
太白ごま油、または
サラダ油…… 大さじ1
塩…… ひとつまみ
鶏だし（p.48参照）
………… 3カップ
みりん、うす口
しょうゆ
………… 各小さじ1

1 しいたけは石づきを取って薄切り、エリンギも薄切りにする。しめじは石づきを取り、小房に分ける。玉ねぎは薄切りにする。
2 鍋に太白ごま油を熱して1の材料を入れ、すぐに塩をふって炒める。きのこの香りが出てきたら鶏だしを注ぎ、煮立ったらみりんとうす口しょうゆで調味して、もうひと煮立ちさせる。
3 2の粗熱を取ってミキサーにかけ、ポタージュ状にする。再び鍋にもどして温め直し、器に盛る。

053

にんじん＋鶏だし

にんじんのすり流し

◎材料（2〜3人分）
にんじん………… 1本
玉ねぎ………… 1/2個
太白ごま油、または
サラダ油…… 大さじ1
塩…… ひとつまみ
鶏だし（p.48参照）
………… 2カップ
みりん、うす口
しょうゆ… 各小さじ1

1 にんじんは皮をむいて縦4つに切り、芯の黄色い部分を取り除いて、薄切りにする。玉ねぎも薄切りにする。
2 鍋に太白ごま油を熱して1の材料を入れ、すぐに塩をふって炒める。にんじんの香りが出てきたら鶏だしを注ぎ、煮立ったら弱火にしてにんじんが煮くずれるまで煮て、みりんとうす口しょうゆで調味する。
3 2の粗熱を取ってミキサーにかけ、ポタージュ状にする。再び鍋にもどして温め直し、器に盛る。

054

白菜＋だし汁

白菜の芯のすり流し

◎材料（2〜3人分）
白菜………… 小1/2個
太白ごま油、または
サラダ油…… 大さじ1
塩………… 小さじ1
だし汁
…… 1 1/2カップ

1 白菜は縦半分に切って中央の黄色い部分だけを取り出し、ざく切りにする。
2 鍋に太白ごま油を熱して白菜を入れ、すぐに塩をふってじっくり炒める。白菜がしんなりしてきたらだし汁1/2カップを注ぎ、ふたをして弱火でしばらく煮る。白菜がクタクタになったら、残りのだし汁を加える。
3 2の粗熱を取ってミキサーにかけ、ポタージュ状にする。再び鍋にもどして温め直し、味をみて足りないようなら塩（分量外）で調えて、器に盛る。

055

ほうれん草＋あさりだし

ほうれん草のすり流し

◎材料（2〜3人分）
ほうれん草
………… 2/3わ（200g）
玉ねぎ………… 1/2個
太白ごま油、または
サラダ油…… 大さじ1
塩………… ひとつまみ
あさりだし（p.64参照）
………… 3カップ
みりん、うす口しょうゆ
………… 各小さじ1

1 ほうれん草はざく切りにし、玉ねぎは薄切りにする。
2 鍋に太白ごま油を熱して1の材料を入れ、すぐに塩をふって炒める。野菜がしんなりしてきたらあさりだしを注ぎ、煮立ったらみりんとうす口しょうゆで調味して、もうひと煮立ちさせる。
3 2の粗熱を取ってミキサーにかけ、ポタージュ状にする。再び鍋にもどして温め直し、器に盛る。

056
じゃがいも＋キャベツ＋だし汁

じゃがいもとキャベツのすり流し

◎材料（2〜3人分）
じゃがいも………… 1個
キャベツ………… 3枚
玉ねぎ………… 1/4個
ベーコン（薄切り）………… 1枚
太白ごま油、またはサラダ油
………… 大さじ1
塩………… ひとつまみ
だし汁………… 3カップ
みりん、うす口しょうゆ
………… 各小さじ1
粗びき黒こしょう………… 少々

1 じゃがいもは皮をむいて半分に切り、薄切りにする。キャベツはざく切りに、玉ねぎは薄切りにする。ベーコンは細切りにする。
2 鍋に太白ごま油を熱して1の材料を入れ、すぐに塩をふって炒める。野菜の香りが出てきたらだし汁を注ぎ、煮立ったら弱火にしてじゃがいもが煮くずれるまで煮て、みりんとうす口しょうゆで調味する。
3 2の粗熱を取ってミキサーにかけ、ポタージュ状にする。再び鍋にもどして温め直し、器に盛り、黒こしょうをふる。

057

ごぼう＋里いも＋だし汁

ごぼうと里いものすり流し

◎材料（2～3人分）
ごぼう………$\frac{1}{2}$本
里いも………2個
玉ねぎ………$\frac{1}{4}$個
太白ごま油、またはサラダ油………大さじ1
塩………ひとつまみ
だし汁………3カップ
みりん、うす口しょうゆ………各小さじ1
粗びき黒こしょう………少々
万能ねぎの小口切り………少々

1 ごぼうは皮をこそげて斜め薄切りにし、水にさらしてあくを抜く。里いもは皮をむいて半分に切り、薄切りにして塩少々（分量外）でもみ、サッと水洗いする。玉ねぎは薄切りにする。

2 鍋に太白ごま油を熱して1の材料を入れ、すぐに塩をふって炒める。ごぼうの香りが出てきたらだし汁を注ぎ、煮立ったら弱火にしてごぼうがやわらかくなるまで煮て、みりんとうす口しょうゆで調味する。

3 2の粗熱を取ってミキサーにかけ、ポタージュ状にする。再び鍋にもどして温め直し、器に盛る。黒こしょうをふり、万能ねぎの小口切りをのせる。

058
新玉ねぎ ＋ 鶏あさりだし

新玉ねぎのすり流し

◎材料（2〜3人分）
新玉ねぎ………… 2個
太白ごま油、または
サラダ油…… 大さじ1
塩………… 小さじ1
鶏だし（p.48参照）、
あさりだし（p.64参照）
…… 各$1\frac{1}{2}$カップ

1 玉ねぎは半分に切り、繊維と直角の薄切りにする。
2 鍋に太白ごま油を熱して玉ねぎを入れ、すぐに塩をふって炒める。玉ねぎがしんなりしてきたら鶏だしとあさりだし各$\frac{1}{2}$カップを注ぎ、ふたをして弱火でしばらく煮る。玉ねぎがクタクタになったら、残りの鶏だしとあさりだしを加える。
3 2の粗熱を取ってミキサーにかけ、ポタージュ状にする。再び鍋にもどして温め直し、味をみて足りないようなら塩（分量外）で調えて、器に盛る。

059
わかめ ＋ あさりだし

わかめのすり流し

◎材料（2〜3人分）
わかめ（もどしたもの）………… 100g
あさりだし（p.64参照）、だし汁…… 各1カップ
みりん、うす口しょうゆ………… 各大さじ1
いり白ごま………… 少々

1 わかめはざく切りにする。
2 鍋にわかめ、あさりだしとだし汁を入れて中火にかけ、煮立ってきたらみりんとうす口しょうゆで調味して、さらにひと煮立ちさせる。
3 2の粗熱を取ってわかめをミキサーに入れ、煮汁を少しずつ加えながら、なめらかなポタージュ状にする。再び鍋にもどして温め直し、器に盛って白ごまをふる。

060
焼きとうもろこし＋だし汁

焼きとうもろこしのすり流し

◎材料（2〜3人分）
とうもろこし……2本
太白ごま油、または
サラダ油……大さじ1
塩……小さじ1
だし汁……3カップ

1 とうもろこしは直火で焼いて表面に焼き色をつけ、実だけを包丁でこそげ取る。
2 鍋に太白ごま油を熱して焼きとうもろこしを入れ、すぐに塩をふってじっくり炒める。とうもろこしの香りが出てきたらだし汁を注ぎ、ひと煮立ちさせる。
3 2の粗熱を取ってミキサーにかけ、ポタージュ状にする。再び鍋にもどして温め直し、味をみて足りないようなら塩（分量外）で調えて、器に盛る。

061
焼きなす＋だし汁

焼きなすのすり流し

◎材料（2〜3人分）
なす……5個
だし汁……2カップ
みりん、うす口しょうゆ……各大さじ1/2

1 なすはへたを取って皮を真っ黒になるまで焼いて焼きなすにし、皮をむいてざく切りにする。
2 鍋にだし汁となすを入れ、みりんとうす口しょうゆで調味して、ひと煮立ちさせる。
3 2の粗熱を取ってミキサーにかけ、ポタージュ状にする。再び鍋にもどして温め直し、器に盛る。

062

焼きパプリカ＋鶏だし

焼きパプリカのすり流し

◎材料（2〜3人分）
パプリカ（赤）………… 1個
玉ねぎ………… 1/2個
太白ごま油、またはサラダ油
………… 大さじ1
塩………… ひとつまみ
鶏だし（p.48参照）………… 3カップ
みりん、うす口しょうゆ
………… 各小さじ1

1 パプリカは皮が真っ黒になるまで焼いて皮をむき、へたと種を取り除いてざく切りにする。玉ねぎは薄切りにする。

2 鍋に太白ごま油を熱して1の材料を入れ、すぐに塩をふってじっくり炒める。野菜がしんなりしてきたら鶏だしを注ぎ、みりんとうす口しょうゆで調味してひと煮立ちさせる。

3 2の粗熱を取ってミキサーにかけ、ポタージュ状にする。再び鍋にもどして温め直し、器に盛る。

063
アボカド + かにの身 + 鶏だし

アボカドとかにのすり流し

◎材料（2〜3人分）
アボカド………… 1個
かにのほぐし身………… 50g
玉ねぎ………… 1/2個
太白ごま油、またはサラダ油
………… 大さじ1
塩………… 小さじ1
鶏だし（p.48参照）………… 3カップ
みりん、うす口しょうゆ
………… 各小さじ1

1 アボカドは種を取り、皮をむいて一口大に切る。かには軟骨があれば取り除き、ざっとほぐす。玉ねぎは薄切りにする。

2 鍋に太白ごま油を熱して玉ねぎを入れ、すぐに塩をふって炒める。玉ねぎがしんなりしてきたらアボカドとかにを加えて炒め合わせ、鶏だしを注いでひと煮立ちさせ、みりんとうす口しょうゆで調味する。

3 2の粗熱を取ってミキサーにかけ、ポタージュ状にする。再び鍋にもどして温め直し、器に盛る。

◎アレンジ
ツナ豆腐のアボカドとかにのすり流しがけ
豆腐にツナをのせて粗びき黒こしょうをふり、冷やしたアボカドとかにのすり流しをかける。

064
大豆＋鶏だし

大豆のすり流し

◎材料（2～3人分）
大豆（ゆでたもの）
………… 150g
玉ねぎ………… 1/4個
太白ごま油、または
サラダ油…… 大さじ1
塩…… ひとつまみ
鶏だし（p.48参照）
………… 3カップ
信州みそ
………… 大さじ1

1 大豆はゆで汁をきる。玉ねぎは薄切りにする。
2 鍋に太白ごま油を熱して1の材料を入れ、すぐに塩をふってじっくり炒める。大豆の香りが出てきたら鶏だしを注ぎ、みそを溶き入れてひと煮立ちさせる。
3 2の粗熱を取ってミキサーにかけ、ポタージュ状にする。再び鍋にもどして温め直し、器に盛る。

065
黒豆＋鶏だし

黒豆のすり流し

◎材料（2～3人分）
黒豆（ゆでたもの）
………… 150g
玉ねぎ………… 1/4個
太白ごま油、または
サラダ油…… 大さじ1
塩………… ひとつまみ
鶏だし（p.48参照）
………… 2カップ
みりん、うす口しょうゆ
…… 各小さじ1

1 黒豆はゆで汁をきる。玉ねぎは薄切りにする。
2 鍋に太白ごま油を熱して1の材料を入れ、すぐに塩をふってじっくり炒める。黒豆の香りが出てきたら鶏だしを注ぎ、みりんとうす口しょうゆで調味してひと煮立ちさせる。
3 2の粗熱を取ってミキサーにかけ、ポタージュ状にする。再び鍋にもどして温め直し、器に盛る。

066
白いんげん豆＋鶏だし

白いんげん豆のすり流し

◎材料（2〜3人分）
白いんげん豆
（ゆでたもの）…… 150g
玉ねぎ………… $\frac{1}{4}$個
太白ごま油、または
サラダ油…… 大さじ1
塩…… ひとつまみ
鶏だし（p.48参照）
………… 1 $\frac{1}{2}$カップ
みりん、うす口しょうゆ
…… 各小さじ1

1 白いんげん豆はゆで汁をきる。玉ねぎは薄切りにする。
2 鍋に太白ごま油を熱して1の材料を入れ、すぐに塩をふってじっくり炒める。白いんげん豆の香りが出てきたら鶏だしを注ぎ、みりんとうす口しょうゆで調味してひと煮立ちさせる。
3 2の粗熱を取ってミキサーにかけ、ポタージュ状にする。再び鍋にもどして温め直し、器に盛る。

067
金時豆＋鶏だし

金時豆のすり流し

◎材料（2〜3人分）
大正金時豆
（ゆでたもの）…… 150g
玉ねぎ………… $\frac{1}{4}$個
太白ごま油、または
サラダ油…… 大さじ1
塩…… ひとつまみ
鶏だし（p.48参照）
………… 2カップ
みりん、うす口しょうゆ
…… 各小さじ1

1 金時豆はゆで汁をきる。玉ねぎは薄切りにする。
2 鍋に太白ごま油を熱して1の材料を入れ、すぐに塩をふってじっくり炒める。金時豆の香りが出てきたら鶏だしを注ぎ、みりんとうす口しょうゆで調味してひと煮立ちさせる。
3 2の粗熱を取ってミキサーにかけ、ポタージュ状にする。再び鍋にもどして温め直し、器に盛る。

068

オクラ＋きゅうり

オクラときゅうりの冷やしすり流し

◎材料（2〜3人分）
オクラ………… 8本
きゅうり………… 1本
太白ごま油、またはサラダ油
………… 大さじ1
塩………… ひとつまみ
だし汁………… $1\frac{1}{2}$カップ
みりん、うす口しょうゆ
………… 各小さじ1

1 オクラは水洗いして塩少々（分量外）をふって表面をこすり、熱湯で1〜2分ゆでて、氷水にとる。水けをきり、へたと種を取って、包丁でざく切りにする。

2 きゅうりは縦半分に切って種を取り除き、ざく切りにする。鍋に太白ごま油を熱してきゅうりを入れ、塩をふってじっくり炒め、冷ましておく。

3 オクラときゅうりをミキサーに入れ、だし汁を少しずつ加えてなめらかなポタージュ状にし、みりんとうす口しょうゆで調味する。冷蔵庫で充分に冷やし、器に盛る。

069

桃＋トマト＋青じそ

桃とトマトの冷やしすり流し

◎材料（2〜3人分）
桃………… 1個
トマト………… 2個
青じそ………… 2枚
塩………… 小さじ1/4
太白ごま油、またはサラダ油
………… 大さじ1

1 桃とトマトは皮を湯むきし、桃は種を取って一口大に切り、トマトはへたと種を取り除いて一口大に切る。青じそはせん切りにし、水にさらして水けをふき取る。
2 桃とトマトをミキサーに入れてざっと攪拌し、塩と太白ごま油を加えて混ぜ、なめらかなポタージュ状にする。
3 冷蔵庫で充分に冷やして器に盛り、青じそをのせる。

◎アレンジ
桃とトマトの冷やしすり流しのヨーグルトのせ
桃とトマトの冷やしすり流しに、少し水きりをしたプレーンヨーグルトをのせ、混ぜながら食べる。好みでミントの葉を飾っても。

Part

3

賛否の和風汁

カレー味、クリーム味、キムチ味ときて、どこが和風汁かって？ベースになっているだし汁がおなじみのものなので、僕は和風としてみました。家庭料理なら、なんでもありのおかず汁を楽しむのもいいですね。

貝の口が開くまで煮るだけの〝あさりだし〟、たっぷりのうまみが魅力

この本で使っているだしは基本的に3種類。パート1のみそ汁はかつお節と昆布でとった〝だし汁〟だけを使い、パート2のすり流しでは〝だし汁〟に加え、手羽先でとった〝鶏だし〟、そしてこのあさりでとった〝あさりだし〟を使っています。

パート3の和風汁もすり流しと同じで、これら3種類のだしを使い分けています。あさりは知ってのとおり、うまみがたっぷり。個性はありますが、手軽においしいだしがとれるところが魅力です。あさりは安い小粒で充分。だしをとったあとのあさりは、身を取り出してしょうがじょうゆで煮たり、ご飯に炊き込んだりして使えます。〝あさりだし〟はすぐに使え、残ったときは冷蔵庫に保存して翌日には使いきりましょう。さらに残った場合は、冷凍保存のほうが安心です。

●「あさりだし」のとり方

◎材料（約4 1/2カップ分）　あさり……200g　昆布……5g
酒……1/2カップ　水……5カップ

1
あさりは砂出しをして殻をよくこすり洗いする。鍋に材料のすべてを入れ、中火にかける。

2
煮立ってきたら弱火にし、出てくるあくをすくい取って、あさりの口が開くまで煮る。

3
持ち手のついたざるや万能こし器を2個用意し、間にキッチンペーパーをはさみ、2をこす。おおよそ4 1/2カップ分のあさりだしがとれる。

和食の汁ものにはうす口しょうゆが欠かせない、ぜひそろえて！

しょうゆというと普通は濃い口。でも和食の汁ものには、うす口しょうゆは欠かせません。色がきれいに仕上がる、素材の風味が生きるなど、利点はいくつもありますが、僕がおすすめする理由は、だしに対しての塩分がとてもよく合うから。スーパーで売っているので、ぜひそろえてください。

濃い口もうす口も少し加えるだけで、汁ものが和風になるんです。その力はすごいですよ。そして味に変化をつけたいときには、トマトや牛乳を調味料として使えば、洋風の味になります。こちらも覚えておくといいですね。

うす口しょうゆ
関西で生まれた色の淡いしょうゆ。味が薄いわけではなく、塩分は濃い口よりも多い。

濃い口しょうゆ
しょうゆというと、普通は濃い口のこと。深いうまみや甘み、かすかな苦みなどが特徴。

牛乳
クリーム系の味に仕上げたいときに使うと便利。コクを出したいときは、乳脂肪分の高いものがおすすめ。

白いご飯を加えれば雑炊に、うどんやラーメンを加えてもおいしい

具がたっぷり入って、味つけもいろいろときたら、組み合わせたいのが白いご飯やめん。スープカレーのようにご飯をつけながら食べるのもいいし、雑炊のようにご飯を加えて煮るのもおすすめです。もちろん、そうめんやうどん、ラーメンにもＯＫ。ただし、汁ものとしての塩けになっているので、太いめんやパスタといっしょに食べるときには、味つけを少し濃いめにするといいでしょう。普通の汁ものは、１人分が１５０㎖～２００㎖ですが、この本は２～３人分で６００㎖、主食と合わせたときにワンボウルになるよう多めにしてあります。

豆乳風味の汁カレー(p.67参照)
スプーンでご飯を一口分ずつ取り、汁につけながら食べるとスープカレーに。

和風キムチチゲ
(p.73参照)
白いご飯を加えて煮れば韓国風の雑炊、クッパに。好みでコチュジャンを加えてもOK。

担々麺風のもやし汁(p.71参照)
ご飯だけでなく、めん類にもよく合う。ゆでうどんを加えれば担々うどんに。

070

つくね＋キャベツ＋黒こしょう

つくねとキャベツのさっぱり汁

◎材料（2〜3人分）

つくね

- 鶏ひき肉………250g
- 玉ねぎ………1個
- 卵………1/2個

A

- みりん、砂糖、しょうゆ………各大さじ1/2
- 塩………小さじ1/2
- 片栗粉………大さじ1

キャベツ………3枚（150g）

水………3カップ

昆布………5cm角

みりん、うす口しょうゆ……各大さじ1

粗びき黒こしょう………少々

1 つくねを作る。玉ねぎはすりおろし、ふきんで包んで汁けをしっかり絞り出す。ボウルに入れ、鶏ひき肉、卵とAの材料を加え、白っぽい粘りが出るまでよく練り混ぜる。

2 キャベツは食べやすい大きさに切る。

3 鍋に分量の水と昆布を入れて中火にかけ、煮立つ直前に昆布を取り出してみりんとうす口しょうゆで調味する。再び煮立ってきたら、1のつくね生地をスプーンで直径2〜3cmに丸めながら落とし入れ、静かに煮る。

4 つくねが煮えたらキャベツを加えてひと煮し、器に盛って黒こしょうをふる。

071
豚肉＋豆乳＋カレー粉

豆乳風味の汁カレー

◎材料（2〜3人分）
豚バラ肉（薄切り）………… 100g
じゃがいも………… 1個
にんじん………… $\frac{1}{4}$本
玉ねぎ………… $\frac{1}{4}$個
サラダ油………… 小さじ1
塩………… 少々
鶏だし（p.48参照）………… 3カップ
みりん、しょうゆ、カレー粉
………… 各大さじ1
片栗粉、水………… 各大さじ1
豆乳………… $\frac{1}{2}$カップ
万能ねぎの小口切り………… 少々

1 豚肉は3〜4cm長さに切り、じゃがいもとにんじんは皮をむき、それぞれ1cmの角切りにする。玉ねぎは薄切りにする。
2 鍋にサラダ油を熱して1の材料を入れ、塩をふって炒める。玉ねぎがしんなりしてきたら鶏だしを注ぎ、煮立ったら弱火にしてしばらく煮る。
3 野菜がやわらかく煮えたらみりん、しょうゆとカレー粉で調味し、片栗粉を分量の水で溶いて加え、混ぜてとろみをつける。
4 3に豆乳を加えて温め、器に盛って万能ねぎの小口切りを散らす。

072

鶏肉＋生クリーム＋白みそ

和風ホワイトシチュー

◎材料（2〜3人分）
鶏もも肉………… 100g
えび………… 4〜6尾
にんじん………… 1/4本
玉ねぎ………… 1/4個
しめじ………… 1/3パック
バター………… 大さじ1 2/3
塩………… 少々
鶏だし（p.48参照）………… 3カップ
みりん、うす口しょうゆ
………… 各大さじ1
片栗粉、水………… 各大さじ2
白みそ………… 大さじ1
生クリーム、または牛乳…… 1/2カップ

1 鶏肉は一口大に切り、えびは殻をむいて背わたを取る。にんじんは縦4等分に切って薄切りにし、玉ねぎも薄切りにする。しめじは石づきを取って小房に分ける。

2 鍋にバターを溶かし、1の材料を入れて弱火で炒め、塩をふる。玉ねぎがしんなりしたら鶏だしを注いで中火にし、煮立ってきたらみりんとうす口しょうゆで調味する。

3 鶏肉とにんじんが煮えたら、片栗粉を分量の水で溶いて加え、混ぜてとろみをつけ、白みそを溶き入れる。仕上げに生クリームを加えて温め、器に盛る。

073

かき＋豚肉＋白菜

かきと豚肉の白菜汁

◎材料（2〜3人分）
かき………… 4〜6個
豚バラ肉（薄切り）………… 50g
片栗粉………… 少々
白菜………… 2〜3枚（150g）
だし汁………… 3カップ
みりん、うす口しょうゆ
………… 各大さじ1
万能ねぎの小口切り、
一味唐辛子………… 各少々

1 かきは水洗いして水けをふき取る。豚肉は3〜4㎝長さに切る。それぞれに片栗粉を薄くまぶし、熱湯にサッと通す。白菜は食べやすい大きさに切る。

2 鍋にだし汁を煮立たせてみりんとうす口しょうゆで調味し、白菜を加えて5分ほど煮る。火を弱め、1のかきと豚肉を加えて温める。

3 器に盛り、万能ねぎの小口切りを散らして、一味唐辛子をふる。

074

さつま揚げ＋ソーセージ＋大根

おでんミネストローネ

◎材料（2〜3人分）
さつま揚げ………… 1枚
ちくわ麩………… ½本
はんぺん………… ¼枚
ウインナソーセージ………… 2本
大根………… 1〜2㎝（100g）
じゃがいも………… ½個
トマト………… 1個
サラダ油………… 大さじ1
鶏だし（p.48参照）………… 3カップ
みりん、うす口しょうゆ…… 各大さじ1
万能ねぎの小口切り………… 少々

1 さつま揚げとちくわ麩は1㎝角に切り、はんぺんは1㎝幅に切る。ソーセージは1㎝長さに切る。大根とじゃがいもは皮をむいて1㎝の角切りにし、トマトはへたを取って1㎝の角切りにする。
2 鍋にサラダ油を熱して大根とじゃがいもを炒め、ほぼ火が通ってきたら1の残りの材料を加え、サッと炒め合わせる。
3 2に鶏だしを注ぎ、煮立ってきたらみりんとうす口しょうゆで調味し、ひと煮立ちさせる。器に盛り、万能ねぎの小口切りを散らす。

075

鶏ひき肉 + もやし + 練り白ごま

担々麺風のもやし汁

◎材料（2〜3人分）
鶏ひき肉………… 100g
もやし………… $\frac{1}{2}$袋（100g）
キャベツ………… 3枚（150g）
玉ねぎ………… $\frac{1}{4}$個
ごま油………… 大さじ1
鶏だし（p.48参照）………… 3カップ
みりん、うす口しょうゆ
………… 各大さじ1
練り白ごま、信州みそ
………… 各大さじ1
片栗粉、水………… 各大さじ1
ラー油、すり白ごま…… 各大さじ1

1 もやしは水洗いして水けをきり、キャベツは4〜5cm長さの細切りに、玉ねぎは薄切りにする。
2 鍋にごま油を熱して鶏ひき肉を炒め、肉の色が変わったら1の野菜を加えて炒め合わせる。玉ねぎがしんなりしたら鶏だしを注ぎ、煮立ってきたらみりんとうす口しょうゆで調味する。
3 練り白ごまとみそは小さなボウルに入れ、2の煮汁でだまがないようによく溶いてから2に加え、ひと煮立ちさせる。
4 片栗粉は分量の水で溶いて3に回し入れて混ぜ、とろみをつける。器に盛り、ラー油とすり白ごまをふる。

076

手羽先＋ごぼう＋きりたんぽ

手羽先のきりたんぽ汁

◎材料（2〜3人分）
鶏だし
- 手羽先………… 5本
- 水………… 5カップ
- 昆布………… 5g
- 酒………… $\frac{1}{2}$カップ
- 塩………… ひとつまみ

きりたんぽ（市販品）…… 1本
ごぼう………… $\frac{1}{2}$本
長ねぎ………… $\frac{1}{2}$本
生しいたけ………… 2個
みりん、うす口しょうゆ…… 各大さじ1

1 鶏だしはp.48を参照して作り、手羽先はそのまま使うのでとっておく。
2 きりたんぽは2〜3等分の斜め切りにする。ごぼうは皮をこそげてささがきにし、水に少しさらしてあくを抜く。長ねぎは斜め薄切りにし、しいたけは軸を取って手で半分にちぎる。
3 鍋に1でとった鶏だしを入れてみりんとうす口しょうゆで調味し、手羽先をもどし入れる。ごぼう、長ねぎとしいたけを加えて少し煮て、ごぼうがやわらかくなったらきりたんぽを加え、ひと煮立ちさせて器に盛る。

077
白菜キムチ + 豆腐 + 鶏あさりだし

和風キムチチゲ

◎材料（2〜3人分）
白菜キムチ（市販品）……50g
卵…………1個
豆腐………… $\frac{1}{3}$丁（100g）
えのきだけ………… $\frac{1}{2}$袋
長ねぎ………… $\frac{1}{2}$本
にら…………5本
鶏だし（p.48参照）、
あさりだし（p.64参照）
…………各$1\frac{1}{2}$カップ
みりん…………大さじ1
赤みそ、信州みそ……各大さじ1
ごま油…………小さじ1

1 豆腐は1〜1.5cmの角切りにする。えのきだけは根元を落とし、手で細かくほぐす。長ねぎは斜め薄切りに、にらは5cm長さに切る。

2 鍋に鶏だし、あさりだしとみりんを入れ、**1**の材料を加えて煮立ったら中火にして5分ほど煮る。

3 **2**にみそを溶き入れ、白菜キムチをざく切りにして加え、ひと煮する。卵を溶きほぐして回し入れ、半熟状に煮えたら仕上げにごま油をたらし、器に盛る。

◎アレンジ
韓国風雑炊のクッパ
和風キムチチゲにご飯を加え、サッと煮る。長くおくとご飯が汁を吸って重くなるので、器に盛ったら早めに食べる。

078

魚介＋トマト＋和風だし

和風ブイヤベース

◎材料（2〜3人分）
あさり………… 7〜8個（100g）
白身魚（たらなどの切り身）…… 1切れ
えび………… 2尾
帆立て貝柱………… 2個
玉ねぎ………… 1/4個
生しいたけ………… 2個
トマト………… 1個
サラダ油………… 大さじ1
塩………… ひとつまみ
酒………… 大さじ3
だし汁………… 3カップ
みりん、うす口しょうゆ…… 各大さじ1

1 あさりは砂出しをし、殻をよくこすり洗いする。白身魚は2〜3等分に切り、えびは殻をむいて背わたを取る。

2 玉ねぎはみじん切りにし、しいたけは石づきを取ってみじん切りにする。トマトはへたを取ってざく切りにする。

3 フライパンにサラダ油を熱して**2**の材料を弱火でじっくり炒め、しんなりしたら塩をふる。そこに白身魚、えびと帆立て貝柱を加えて炒め合わせ、酒をふって強火でアルコール分をとばす。

4 **3**にあさりを加え、だし汁を注いでみりんとうす口しょうゆで調味する。あさりの口があいたら、器に盛る。

079

ごま豆腐＋帆立て貝柱＋あさりだし

ごま豆腐と帆立ての和風チャウダー

◎材料（2〜3人分）
白ごま豆腐（市販品）……100g
帆立て貝柱…………3個
ベーコン（薄切り）…………2枚
玉ねぎ…………1/4個
じゃがいも…………1/2個
バター…………大さじ2
塩…………ひとつまみ
薄力粉…………大さじ2
牛乳…………1カップ
あさりだし（p.64参照）……2カップ
万能ねぎの小口切り……適量

1 帆立て貝柱は1cm角に切り、ベーコンは細かく刻む。玉ねぎは1cmの角切りにし、じゃがいもは皮をむいて1cmの角切りにする。

2 鍋にバターを溶かして1の材料を入れ、弱火でじっくり炒め、玉ねぎがしんなりしたら塩をふる。そこに薄力粉をふり入れてよく炒め、牛乳とあさりだしを少しずつ加えてだまのないように溶きのばす。

3 2の味をみて、足りないようなら塩（分量外）で味を調え、白ごま豆腐を1cm角に切って加える。ごま豆腐が溶けてとろみがついてきたら、器に盛って万能ねぎの小口切りを散らす。

080

春雨＋卵＋鶏だし

春雨の卵スープふかひれもどき

◎材料（2〜3人分）
春雨………40g
卵………1個
えのきだけ………½袋
長ねぎ………5〜6cm
鶏だし（p.48参照）……3カップ
みりん、しょうゆ、
オイスターソース……各大さじ1
片栗粉、水………各大さじ2
ごま油………小さじ1

1 春雨は熱湯につけてもどし、食べやすい長さに切る。えのきだけは根元を落とし、手で細かくほぐす。長ねぎはみじん切りにする。
2 鍋に鶏だしを煮立たせてみりん、しょうゆとオイスターソースで調味し、片栗粉を分量の水で溶いて加え、混ぜてとろみをつける。
3 2に卵を溶きほぐして回し入れ、半熟状に煮えたら1を加えてひと煮立ちさせ、器に盛ってごま油をたらす。

081

帆立てワンタン＋だし汁＋黒こしょう

帆立てワンタンスープ

◎材料（2〜3人分）
ワンタンの皮（市販品）……12枚
具
- 帆立て貝柱…………2個
- 鶏ひき肉…………50g
- 長ねぎ…………5〜6cm
- 塩…………少々

だし汁…………3カップ
みりん、うす口しょうゆ
…………各大さじ1
万能ねぎの小口切り……適量
粗びき黒こしょう……少々

1 帆立て貝柱はひき肉と同じくらいに細かくたたく。長ねぎはみじん切りにする。ボウルに具の材料を入れ、よく混ぜ合わせる。
2 ワンタンの皮の中央に1を小さじ2くらいのせ、周囲に水をつけて中の空気を抜くようにして三角に折りたたみ、しっかり閉じる。鍋に湯を沸かし、ワンタンを入れて1〜2分ゆでる。
3 別鍋にだし汁を煮立て、みりんとうす口しょうゆで調味する。
4 器に3のスープを入れ、2のワンタンを浮かべて万能ねぎの小口切りを散らし、黒こしょうをふる。

082

さけつみれ＋大根＋れんこん

さけつみれの根菜汁

◎材料（2〜3人分）

さけつみれ

- 生ざけ（切り身）……2切れ（正味150g）
- 長ねぎ……1/3本
- 卵……1個
- 砂糖、塩……各小さじ1
- おろししょうが……小さじ1/2
- 片栗粉……大さじ1

大根……50g

れんこん……50g

ごぼう……50g

だし汁……3カップ

みりん、うす口しょうゆ……各大さじ1

糸三つ葉……少々

1 さけは皮と骨を取り除き、正味150gを用意して包丁でミンチ状にたたく。長ねぎはみじん切りにする。ボウルにさけつみれの材料を入れ、粘りが出るまでよく練り混ぜる。

2 大根は皮をむいて細長い薄切りにし、れんこんは皮をむいて3〜4㎜厚さのいちょう切りにする。ごぼうは皮をこそげてささがきにし、水に少しさらしてあくを抜く。

3 鍋にだし汁を煮立ててみりんとうす口しょうゆで調味し、さけつみれの生地を直径2〜3㎝に丸めながら（p.79のポイント参照）スプーンで落とし、さらに2の材料を加えて弱火で10分ほど煮る。

4 根菜がやわらかく煮えたら器に盛り、三つ葉を刻んでのせる。

083
いかだんご＋岩のり

いかのふわふわだんごと岩のりのすまし

◎材料（2〜3人分）
いかだんご
- いかの胴………… 150g
- 卵白………… 1個分
- 片栗粉………… 大さじ1
- 砂糖、塩………… 各小さじ1/2

だし汁………… 3カップ
みりん、うす口しょうゆ
………… 各大さじ1
岩のり（乾燥）………… ひとつまみ
万能ねぎの小口切り………… 少々

1 いかは包丁で細かく刻み、さらにミンチ状にたたく。ボウルにいかだんごの材料を入れ、よく練り混ぜる。

2 鍋にだし汁を煮立ててみりんとうす口しょうゆで調味し、いかだんごの生地を直径2〜3cmに丸めながらスプーンで落とす。

3 いかだんごが煮えたら岩のりを加え、器に盛って万能ねぎの小口切りを散らす。

◎ポイント
いかだんごの生地は少量を左手ですくい、丸く握りながら親指と人差し指の間から出す。それをスプーンですくい取り、煮立った汁に静かに落とし入れる。普通に両手で丸めてもよい。

084

はまぐり＋しょうが汁

はまぐりの潮汁

◎材料（2〜3人分）
はまぐり………… 8〜10個
水………… 3カップ
酒………… 1/4カップ
昆布………… 3cm角
塩………… 小さじ1/2
しょうが汁………… 少々

1 はまぐりは砂出しをし、殻をよくこすり洗いする。
2 鍋に分量の水と酒、昆布とはまぐりを入れて中火にかける。はまぐりの口があいたら昆布を取り出し、あくを取って塩で調味する。
3 仕上げにしょうが汁をたらし、器に盛る。

085

卵＋水溶き片栗粉

かき玉汁

◎材料（2〜3人分）
卵………… 1個
だし汁………… 3カップ
酒………… 大さじ2
うす口しょうゆ………… 大さじ1
塩………… 小さじ1/2
片栗粉、水………… 各大さじ1

1 鍋にだし汁を煮立てて酒、うす口しょうゆと塩で調味し、片栗粉を分量の水で溶いて加え、混ぜてとろみをつける。

2 卵を溶きほぐし、**1**が煮立ったところに糸状に流し入れ、卵が浮いてきたらすぐに火を止め、器に盛る。

086

クリームチーズ＋酒粕＋牛乳

クリームチーズの粕汁

◎材料（2〜3人分）
大根…………4㎝（100g）
にんじん…………1/4本（50g）
ごぼう…………1/2本（100g）
生しいたけ…………2個
サラダ油…………大さじ1
だし汁…………3カップ
酒粕《さけかす》（板状のもの）……50g
白みそ…………大さじ1
クリームチーズ…………50g
牛乳…………1/2カップ
うす口しょうゆ…………大さじ1
万能ねぎの小口切り……少々
七味唐辛子…………少々

1 大根とにんじんは皮をむき、太めの細切りにする。ごぼうは皮をこそげてささがきにし、水に少しさらしてあくを抜く。しいたけは軸を取り、薄切りにする。
2 フライパンにサラダ油を熱して1の材料を入れ、ごぼうがしんなりするまで炒める。
3 鍋にだし汁を煮立てて酒粕と白みそを溶き入れ、クリームチーズを刻んで加えて、火を弱めて煮溶かす。そこに牛乳を注いでうす口しょうゆで調味し、2の具を加えて、大根やごぼうがやわらかくなるまで煮る。
4 器に盛り、万能ねぎの小口切りをのせて七味唐辛子をふる。

087

鶏肉＋とうがん＋ごま油

鶏肉ととうがんのあっさり中華スープ

◎材料（2〜3人分）
鶏もも肉………… 100g
とうがん………… 200g
ごま油………… 大さじ1
塩………… 少々
鶏だし（p.48参照）……3カップ
みりん、うす口しょうゆ
………… 各大さじ1
片栗粉、水………… 各大さじ1
みょうがの小口切り…… 1個分
万能ねぎの小口切り…… 少々

1 鶏肉は一口大に切る。とうがんはわたと種を除いて皮をむき、1cmの角切りにする。
2 鍋にごま油を熱して1の材料を入れ、塩をふって、肉の色が変わり、とうがんが透き通ってくるまで炒める。
3 2に鶏だしを注ぎ、とうがんがやわらかく煮えたらみりんとうす口しょうゆで調味する。片栗粉を分量の水で溶いて加え、混ぜてとろみをつける。
4 器に盛り、みょうがと万能ねぎの小口切りを散らす。

088

豆腐＋根菜＋こんにゃく

けんちん汁

◎材料（2〜3人分）
豆腐（木綿）………… 1/3丁（100g）
こんにゃく………… 1/5枚（50g）
大根………… 2cm（50g）
にんじん………… 1/4本（50g）
れんこん………… 小1/3節（50g）
生しいたけ………… 2個
ごま油………… 大さじ1
だし汁………… 3カップ
酒、うす口しょうゆ…… 各大さじ1
塩………… 小さじ1/2
片栗粉、水………… 各大さじ1

1 豆腐は軽く水きりをしておく。こんにゃくはあく抜きをして1cmの角切りにする。大根、にんじん、れんこんはそれぞれ皮をむき、1cmの角切りに、しいたけは軸を取って1cmの角切りにする。

2 鍋にごま油を熱して**1**のこんにゃく、根菜としいたけを炒め、油がまわったら豆腐を手でくずしながら加えて炒め合わせる。

3 **2**にだし汁を注ぎ、煮立ったら弱火にして根菜がやわらかくなるまで煮る。酒、うす口しょうゆと塩で調味し、片栗粉を分量の水で溶いて加え、混ぜてとろみがついたら器に盛る。

089

さば＋大根

船《せん》場《ば》汁

◎材料（2〜3人分）

さば（三枚おろし）………… 半身
サラダ油………… 少々
大根………… 4cm（100g）
長ねぎ………… 1/2本
だし汁………… 3カップ
酒………… 大さじ2
うす口しょうゆ………… 大さじ1
塩………… 適量
粗びき黒こしょう………… 少々

1 さばは骨があったら取り除き、皮目に細かい切り目を入れて、4〜6等分に切る。塩少々をふり、フライパンにサラダ油をひいて皮目をこんがりと焼き、裏返して身のほうをサッと焼いて取り出す。

2 大根は皮をむいて1cm幅×4cm長さの薄い短冊切りにする。長ねぎは5cm長さに切り、中央に縦の切り込みを入れて芯を取り除き、縦のせん切りにする。芯は斜め薄切りにする。

3 鍋にだし汁、大根と長ねぎの芯を入れて中火にかけ、煮立ったら弱火にしてしばらく煮る。大根がやわらかくなったら1のさばを静かに加え、酒、うす口しょうゆと塩小さじ1/2で調味する。

4 器に盛り、せん切りにした長ねぎをのせて、黒こしょうをふる。

090

あさり + たけのこ

あさりとたけのこのすまし

◎材料（2〜3人分）
あさり………… 7〜8個（100g）
ゆでたけのこ………… 1/4本（50g）
スティックセニョール、
または菜の花………… 4〜6本
A ┌水………… 2 3/4カップ
  │酒………… 1/4カップ
  └昆布………… 3cm角
みりん、うす口しょうゆ
………… 各大さじ1
木の芽………… 適量

1 あさりは砂出しをし、殻をよくこすり洗いする。たけのこは縦の薄切りにする。スティックセニョールは塩少々（分量外）を加えた熱湯でゆでて冷水にとり、水けをきって長さを3つに切る。
2 鍋にあさりとAの材料を入れて中火にかけ、出てきたあくを取り除く。あさりの口があいたら昆布を取り出し、みりんとうす口しょうゆで調味する。
3 2にたけのことスティックセニョールを加えてサッと煮立て、器に盛って木の芽を飾る。

091

豆腐白玉 + かに

豆腐白玉とかにの汁もの

◎材料（2〜3人分）
豆腐白玉
┌ 豆腐（木綿）……1/3丁（100g）
│ 白玉粉…………50g
└ 塩………… 小さじ1/2
かにのほぐし身…………50g
だし汁…………3カップ
みりん、うす口しょうゆ
…………各大さじ1
片栗粉、水………… 各大さじ1
糸三つ葉の小口切り……少々

1 ボウルに豆腐をくずしながら入れて白玉粉と塩を加え、よくこねて耳たぶより少しやわらかめに仕上げる。生地を10〜12等分くらいにして丸め、熱湯に入れて浮き上がってきたらさらに1〜2分ゆでて、水にとる。
2 鍋にだし汁を煮立たせてみりんとうす口しょうゆで調味し、片栗粉を分量の水で溶いて加えてとろみをつける。
3 2にかにを加え、さらに1の豆腐白玉を加えて温め、器に盛って三つ葉の小口切りを散らす。

◎ポイント
白玉は普通、火が通りやすいように中央をへこませるが、丸い形を楽しみたいときは小さめに丸めるとよい。

092

干し貝柱＋干ししいたけ＋煮干し

乾物の蒸しスープ

◎材料（2〜3人分）

白菜………… 2〜3枚（150g）

長ねぎ………… 1/3本

ベーコン（薄切り）………… 1枚

乾物

- 干し貝柱………… 2個
- 干ししいたけ………… 1個
- 食べられる煮干し（小）… 10個
- さきいか………… 10g
- 昆布………… 3cm角

水………… 3カップ

A
- 酒………… 1/4カップ
- うす口しょうゆ…… 大さじ1
- 塩………… 小さじ1/2

1 白菜は食べやすい大きさに切り、長ねぎは斜め薄切りにする。ベーコンは5〜6mm幅に切る。

2 耐熱性のボウルに1の材料を入れ、干し貝柱と干ししいたけは手で割り、乾物のすべてを同じボウルに入れる。分量の水を注いでAを加え、ラップをかける。

3 蒸気の上がった蒸し器に2のボウルを入れ、強火で20分ほど蒸す。途中、蒸し器の湯が足りなくならないように気をつける。

4 ボウルを取り出してラップをはずし、器に盛る。このときボウルはとても熱いので気をつける。

093

もずく＋酢＋水溶き片栗粉

もずくの酢味スープ

◎材料（2〜3人分）
もずく………… 100g
だし汁………… 3カップ
A ┌ 酢………… 大さじ2
│ みりん、うす口しょうゆ
│ ………… 各大さじ1
└ 塩………… 少々
片栗粉、水………… 各大さじ1
おろししょうが………… 少々
万能ねぎの小口切り…… 少々

1 もずくはサッと水洗いし、食べやすい長さに切る。
2 鍋にだし汁を煮立ててAで調味し、片栗粉を分量の水で溶いて加え、混ぜてとろみをつける。
3 2にもずくを加えてサッと火を通し、器に盛っておろししょうがと万能ねぎの小口切りをのせる。

ときには、手間をかけておいしいだしを！

本格だし（一番だし）

和食の汁ものといえば、昆布とかつお節でとるだし。僕の店では、すでに紹介した「だし汁」（p.8参照）とは違う、一番だし（この本では「本格だし」といっています）を使っています。本格だしのおいしさは昆布とかつお節で決まる、といってもいいでしょう。昆布は真昆布を、かつお節は血合《ちあい》抜きの本節《ほんぶし》を使うと、風味とうまみがすっきりとした、しみじみとおいしいすまし汁ができ上がります。少し手間がかかりますが、挑戦する価値はありますよ。

●「本格だし（一番だし）」のとり方

◎材料（約$4\frac{1}{2}$カップ分）

昆布……15g　かつお節……30g　水……5カップ

1
鍋に昆布と分量の水を入れ、2時間ほどおいて昆布のうまみを出す。

2
1の鍋を弱めの中火にかけ、煮立つ直前に（温度は約70℃くらい）昆布を取り出す。

3
2の火を強め、沸騰したら火を止める。かつお節を加え、まんべんなく湯につかるようにしてひと呼吸おく。

4
持ち手のついたざるや万能こし器を2個用意し、間にキッチンペーパーをはさみ、3をこす。

5
自然にこしたものを使い、ここではこした後のかつお節を絞ったりしない。

6
おおよそ$4\frac{1}{2}$カップ分の本格だしがとれる。とっただしはすぐに使い、残った場合は冷蔵庫に保存して1～2日で使いきる。

094

えびしんじょ＋本格だし

えびしんじょのすまし

◎材料（2〜3人分）

えびしんじょ

- えび…5〜6尾（150g）
- 白身魚のすり身（市販品）…………150g
- 卵黄…………1個分
- サラダ油…………1/4カップ
- 煮きり酒*…………1/4カップ
- 塩…………小さじ1/2

吸い地

- 本格だし（p.90参照）……3カップ
- A
  - 酒…………大さじ3
  - うす口しょうゆ……大さじ1
  - 塩…………小さじ1/4

青ゆずの皮…………少々

＊酒に火を入れ、アルコール分をとばしたもの。家庭で作る場合は、火に気をつけること。

1 えびは殻をむいて背わたを取り、粗みじん切りにする。

2 ボウルに卵黄を入れて溶きほぐし、サラダ油を少しずつ加えて泡立て器でよく混ぜ合わせ、マヨネーズ状にする。

3 フードプロセッサー、またはすり鉢に白身魚のすり身を入れ、煮きり酒を少しずつ加えてなめらかに溶きのばす。そこに塩と2を加え、さらに溶きのばして、最後に1のえびを加えて混ぜる。

4 鍋に湯を沸かして酒、塩各少々（分量外）を加え、3の生地を直径3〜4cmに丸めながら静かに落とし、3〜4分ゆでて中まで火を通す。

5 別鍋に本格だしを煮立ててAで調味し、吸い地を作る。

6 器に4のえびしんじょを盛り、5の吸い地を張って、しんじょの上に青ゆずの皮をのせる。

095
はんぺん＋本格だし

はんぺんのすまし

◎材料（2〜3人分）
はんぺん………… 1/2枚
吸い地
　本格だし（p.90参照）………… 3カップ
　A ┌酒………… 大さじ3
　　 │うす口しょうゆ………… 大さじ1
　　 └塩………… 小さじ1/4
万能ねぎの小口切り………… 少々

1 はんぺんは半分に切り、さらに斜め半分に切って三角にする。
2 鍋に本格だしを煮立ててAで調味し、吸い地を作る。
3 2にはんぺんを加えてサッと煮て、器に盛り、万能ねぎの小口切りをのせる。

096
卵豆腐＋本格だし

卵豆腐のすまし

◎材料（2〜3人分）
卵豆腐（市販品）………… 1個
吸い地
　本格だし（p.90参照）………… 3カップ
　A ┌酒………… 大さじ3
　　 │うす口しょうゆ………… 大さじ1
　　 └塩………… 小さじ1/4
木の芽………… 少々

1 卵豆腐は半分に切る。
2 鍋に本格だしを煮立ててAで調味し、吸い地を作る。
3 2に卵豆腐を加えてサッと煮て、器に盛り、木の芽をのせる。

097
ちくわ + 本格だし

ちくわのすまし

◎材料（2〜3人分）
ちくわ（小）………… 2本
吸い地
　本格だし（p.90参照）………… 3カップ
　A 酒………… 大さじ3
　A うす口しょうゆ………… 大さじ1
　A 塩………… 小さじ1/4
糸三つ葉………… 少々

1 ちくわは4〜5cm長さの斜め薄切りにする。三つ葉は1.5cm長さに切る。
2 鍋に本格だしを煮立ててAで調味し、吸い地を作る。
3 2にちくわと三つ葉を加えてサッと煮て、器に盛る。

098
焼き麩 + 本格だし

焼き麩のすまし

◎材料（2〜3人分）
焼き麩（好みのもの）………… 適量
吸い地
　本格だし（p.90参照）………… 3カップ
　A 酒………… 大さじ3
　A うす口しょうゆ………… 大さじ1
　A 塩………… 小さじ1/4
木の芽………… 少々

1 鍋に本格だしを煮立ててAで調味し、吸い地を作る。
2 1に焼き麩を加えてサッと煮て、器に盛る。

099

卵＋えび＋生しいたけ

とろとろ茶碗蒸し

◎材料（2～3人分）
えび………… 2尾
生しいたけ………… 1個
糸三つ葉………… 2～3本
卵………… 1個
だし汁（冷たいもの）…… 1カップ
うす口しょうゆ…… 小さじ1

1 えびは殻をむいて背わたを取り、3等分に切る。しいたけは軸を取って薄切りに、三つ葉は1.5cm長さに切る。
2 ボウルに卵を溶きほぐし、だし汁とうす口しょうゆを加えてよく混ぜ合わせ、こし器でこす。
3 器に1の具を入れ、2の卵液を流し入れて、表面の泡を取り除く。蒸気の上がった蒸し器に並べ、器の上にペーパータオルをかぶせて、強火で1分、弱火にして14分ほど蒸す。
4 蒸し上がったら、茶碗蒸しの上にだし汁少々（分量外）をかける。

100
茶碗蒸し＋梅あん

茶碗蒸しの梅あんかけ

◎材料（2～3人分）
とろとろ茶碗蒸し（p. 94参照）……2～3人分
梅干し…………1/2個
だし汁…………60mℓ
みりん、うす口しょうゆ…………各小さじ1
片栗粉、水…………各大さじ1/2

1 とろとろ茶碗蒸しはp.94を参照して作る。
2 梅干しは種を取り除き、包丁で細かくたたく。
3 小鍋にだし汁を煮立ててみりんとうす口しょうゆで調味し、片栗粉を分量の水で溶いて加え、混ぜてとろみをつける。
4 3のあんに2の梅干しを加えてよく混ぜ合わせ、蒸し上がった茶碗蒸しにかける。

101
茶碗蒸し＋たたきオクラ

冷やし茶碗蒸しのたたきオクラかけ

◎材料（2～3人分）
とろとろ茶碗蒸し（p.94参照）…2～3人分
オクラ…………4本
だし汁……60mℓ
みりん、うす口しょうゆ……各小さじ1

1 とろとろ茶碗蒸しはp.94を参照して作り、粗熱を取って冷やしておく。
2 オクラは水洗いして塩少々（分量外）をふって表面をこすり、熱湯で1～2分ゆでて、氷水にとる。水けをきり、へたと種を取って、包丁で粘りが出るまで細かくたたく。
3 小鍋にだし汁を煮立ててみりんとうす口しょうゆで調味し、粗熱を取って冷やす。
4 3に2のオクラを加えてよく混ぜ合わせ、冷やしておいた茶碗蒸しにかける。

笠原将弘
和食屋のおかず汁101

2010年10月13日　初版第1刷発行
2016年 8 月21日　初版第2刷発行

著者―――笠原将弘
発行者―――奥山豊彦
発行所―――株式会社 小学館
〒101-8001
東京都千代田区一ツ橋2-3-1
電話―――編集 03-3230-5446
販売 03-5281-3555
印刷所―――共同印刷株式会社
製本所―――株式会社若林製本工場

ISBN 978-4-09-310787-7

デザイン―――津村正二（ツムラグラフィーク）
撮影―――木村 拓（東京料理写真）
スタイリング―――遠藤文香
アシスタント―――「賛否両論」スタッフ
編集協力―――杉本正子
校正・校閲―――山根洋子、布川智子

制作―――横山 肇、直居裕子、太田真由美、星 一枝
販売―――河合真理
宣伝―――島田由紀
編集―――瀬島明子

器協力―――陶舗 蔵（KURA）
tel./fax. 03-3309-7103
e-mail: kura5077@ac.auone-net.jp

笠原将弘（かさはら・まさひろ）
1972年東京生まれ。高校卒業後、新宿の「正月屋吉兆」で9年間修業をした後、父親の死を機に実家の焼き鳥店「とり将」を継ぐ。2004年、東京・恵比寿に「賛否両論出ることを覚悟で」開いた和食の店「賛否両論」が、あっという間に予約がとれない人気店に。2009年春、「日本料理TAKEMOTO」の武本賢太郎氏、酒肴・魚料理研究家の是友麻希氏と3人で和食ユニット「TKK・板前修業倶楽部」を結成。夏には韓国・ソウルに日本料理店「TOKYO SAIKABO」をプロデュースするなど、常に新しいことに挑戦中。最も注目される日本料理界きっての期待の星。著書に『笠原将弘のかんたん和ごはん』（小社刊）などがある。

賛否両論
東京都渋谷区恵比寿2-14-4 太田ビル1F
tel. 03-3440-5572
http://www.sanpi-ryoron.com/